COLEÇÃO SLAM

LUZ RIBEIRO (SP)
LOBINHO (SP)
CLEYTON MENDES (SP)
BEU PUÃ (PE)
NELSON MACA (BA)
PATRÍCIA MEIRA (SP)
DKG-DEKILOGRAMA (SC)
WELLINGTON SABINO (MG)
AKIRI (ES)
KING (SP)

NEGRITUDE

Organização: Emerson Alcalde

Projeto gráfico, capa e diagramação: YAN Comunicação

Revisão: Cristina Assunção

Coordenação editorial: FALA

Ano: 2021

Dados Internacionais de Catalogação na Publicação (CIP)
(eDOC BRASIL, Belo Horizonte/MG)

N389   Negritude / Luz Ribeiro... [et al.]; organizador Emerson Alcade. – São Paulo, SP: Autonomia Literária, 2019.
10 x 15 cm – (SLAM; v. 3)

"Vários autores"
ISBN 978-85-69536-53-6

1. Poesia brasileira. I. Alcade, Emerson.

CDD B869.1

Elaborado por Maurício Amormino Júnior – CRB6/2422

SUMÁRIO

LUZ RIBEIRO (SP)	04
LOBINHO (SP)	18
CLEYTON MENDES (SP)	32
BELL PUÃ (PE)	46
NELSON MACA (BA)	58
PATRÍCIA MEIRA (SP)	68
DKG-DEKILOGRAMA (SC)	80
WELLINGTON SABINO (MG)	94
AKIRI (ES)	108
KING (SP)	116
BIOGRAFIAS	130

- JE NE PARLE PAS BIEN
- MENIMELÍMETROS
- DEU(S) BRANCO

LUZ RIBEIRO

foto: Renata Armelin

excusez moi, pardon

me ...

je ne parle pas bien
français
je ne parle pas bien
anglais non plus
je ne parle pas bien
je ne parle pas bien
je ne parle pas bien
je ne parle pas bien
.

eu tenho uma língua solta
que não me deixa esquecer
que cada palavra minha
é resquício da colonização

cada verbo que aprendi conjugar
foi ensinado com a missão
de me afastar de quem veio antes

nossas escolas não nos ensinam
a dar voos, subentendem que nós, retintos
ainda temos grilhões nos pés

esse meu português truncado
faz soar em meus ouvidos
o lançar dos chicotes
em costas de couros pretos

nos terreiros de umbanda
evocam liberdade e entidade
com esse idioma que tentou nos prender

CADA SÍLABA SEPARADA ME FAZ RELEMBRAR DE COMO FOMOS E SOMOS SEGREGADOS

nos encostaram nas margens
devido a uma falsa abolição
que nos transformou em bordas

LUZ RIBEIRO

me...
je ne parle pas bien
je ne parle pas bien

tiraram de nós o acesso
à ascensão

e eis que na beira da beira ressurgimos,
reinvenção

NOSSA REVOLUÇÃO
SURGE E URGE
DAS NOSSAS BOCAS
DAS FALAS APREENDIDAS
QUE SÃO ENSINADAS
E MUITAS NÃO COMPREENDIDAS
SALVE, A CADA GÍRIA

je ne parle pas bien
temos funk e blues
de baltimore a heliópolis
com todo respeito edith piaf
não é você quem toca no meu set list
eu tenho dançado ao som de "coller la petite"

je ne parle pas bien
o que era pra ser arma de colonizador
está virando revide de ex-colonizado
estamos aprendendo a suas línguas
e descolonizando os pensamentos
estamos reescrevendo o futuro da história

não me peçam pra falar bem
parce que je ne parle pas bien
je ne parle pas bien
je ne parle pas bien, rien
eu não falo bem de nada
que vocês me ensinaram
.

MENIMELÍMETROS

os menino passam liso
pelos becos e vielas
os menino passam liso
pelos becos e vielas
os menino passam liso
pelos becos e vielas

você que fala becos e vielas
sabe quantos centímetros cabem em um menino?
sabe de quantos metros ele despenca
quando uma bala perdida o encontra?
sabe quantos nãos ele já perdeu a conta?

quando "ceis" citam quebrada nos seus tcc's e teses
"ceis" citam as cores das paredes natural tijolo baiano?
"ceis" citam os seis filhos que dormem juntos?
"ceis" citam que geladinho é bom só porque custa 1,00?
"ceis" citam que quando vocês chegam pra fazer suas
pesquisas
seus vidros não se abaixam?

num citam, num escutam só falam, falácia!
é que "ceis" gostam mesmo do gourmet da quebradinha
um sarau, um sambinha, uma coxinha

mas entrar na casa dos menino que sofreram abuso de dia
não cabe nas suas linhas

suas laudas não comportam
os batuques dos peitos laje vista pro córrego
seu corretor corrige a estrutura de madeirite

quando eu me estreito no beco feito pros meninos "p" de (im)próprio
eu me perco e peco
por não saber nada
por não ser geógrafa
invejo tanto esses menino mapa

percebe, esses menino desfilam moda
havaiana número 35 / 40 e todos
que é tamanho exato pro seu pé número 38

esses menino tudo sem educação
que dão bom dia, abrem até portão
tão tudo fora das grades escolares
nunca tiveram reforço ---- de ninguém
mas reforçam a força e a tática
do tráfico, mais um refém

esses menino num sabem nem escrever
mas marcam os beco tudo com caquinhos de tijolo:
pcc! prucê vê, vê ... vê? num vê!
que esses meninos sem nem carinho
não tem carrinho no barbante
pensa que bonito se fosse peixinho fora d'água
a desbicar no céu
mas é réu na favela
lhe fizeram pensar voos altos
voa, voa, voa ... aviãozinho

E OS MENINO CORRE, CORRE, CORRE
FAZ SEUS CORRES, CORRES, CORRES

...

podia ser até adaga, flecha e lança
mas é lançado fora
vive sempre pelas margens

na quebrada do menino
num tem nem ônibus pro centro da capital
isso me parece um sinal
é tipo uma demarcação
de até onde ele pode chegar

e os menino malandrão faz toda a lição
acorda cedo e dorme tarde
é chamado de função
queria casa, mas é fundação

TEM PRESTÍGIO, NÃO TEM RESPEITO É SEMPRE O SUSPEITO DE QUALQUER SITUAÇÃO

"ceis" já pararam pra ouvir alguma vez os sonhos dos menino?
é tudo coisa de centímetros:
um pirulito, um picolé
um pai, uma mãe
um chinelo que lhe caiba nos pés

um aviso: quanto mais retinto o menino
mais fácil de ser extinto
seus centímetros não suportam 9 milímetros
porque esses meninos
esses meninos sentem metros

LUZ RIBEIRO

DEU(S) BRANCO

eu me fiz silêncio
na sua fronte estagnei
pela cor da minha pele
respondeu o óbvio:
preto só nasce de preto

branco desse jeito, ele é mesmo seu pai?
parda assim, ela é mesmo sua mãe?
morena tipo chocolate claro, ela é mesmo sua irmã?
deus
eu continuo engolindo um sapo por dia
já consigo dizer não para alguns sapos
aprendi até a enfiar o dedo na boca
e fazer um estrago no seu tapete

eu tenho acordado de dieta

mas há grito que embarga
vira soluço e inunda
alma adentro

deus
eu ando cansada de ser forte

eu ando cansada de correr
eu ando querendo só andar

se isso aqui é selva
preta, pobre, proletária ...
sabe muito bem o que é ser o capim na cadeia alimentar

cultivo o ser poeta e atriz
mas da escola de onde eu vim
eu aprendi a competir
não para passar em testes globais
mas para conseguir um registro na clt

deus
eu sou regada todos os dias
com menosprezo
e sem jeito que sou
me firo
por insistir em plantar amor

e se ainda assim algum dia:
eu retroceder as escadas
e devolver a sua tirada
com um tapa na cara

dirão: - exagero
mas só eu e minhas irmãs sabemos
o que é vestir preto o dia inteiro

eu não queria te questionar deus

mas eu passei a vida a ignorar
os puxões nos cabelos
e as recusas masculinas
eu não queria te questionar deus
mas eu acreditei
não ser apta para a vaga
e que precisava estudar além do habitual

eu não queria te questionar deus

mas são anos que a história não muda
que são as mãos dos pretos
que ficam sujas de cimento
que são minhas iguais a cuidar dos filhos das sinhás
que sambam na nossa cara
e que acham que só sabemos sambar

eu não queria te questionar deus
mas eu ainda sou hostilizada
quando eu ando na rua de mão dada
com a minha namorada
sabe como que é, né?!
duas minas, pretas, juntas
faz muito "mano" mudar de calçada

**EU NÃO QUERIA TE
QUESTIONAR DEUS
EU NÃO QUERIA TE
QUESTIONAR DEUS
EU NÃO QUERIA TE
QUESTIONAR DEUS
EU NÃO QUERIA TE
QUESTIONAR DEUS**

mas eu acho
que te deu um branco
na hora que me escolheu

LUZ RIBEIRO

- IDENTIDADE
- SISTEMA PERVERSO RESPOSTA NO VERSO
- MOJUBÁ

LOBINHO

foto: Sergio Silva

"Salve Ogum... Ogunhê
Salve Oxóssi... Okê Aro
Salve Iansã... Eparrei Oiá
Salve Xangô... Kaô Kabecilê

IDENTIDADE

Nunca mais eu nego: sou preto
Engoli por anos essa "brancura"
Hoje lhe dou um papo bem reto
Assumir as origens foi a cura!!!

Sim, registraram na certidão: pardo
Na escola, me chamaram: moreno
Disseram ainda: "ser negro é fardo
Mantendo origens, não serás pleno"

Pior de tudo, foi que eu acreditei
Segui a doutrina contrária à raça
Para meus irmãos regras eu ditei
Em cima deles coloquei mordaça

É... o sistema lhe impõe e engana
Prega que dinheiro cura as feridas
Te instiga pra tu ser um cara bacana
Por isso você oprime outras vidas

Até que te exigem: "seja só palhaço
Não chame atenção, fique lá quieto
Daí não reparam seu mal feito traço
Lembre-se que és de grupo seleto"
Perguntei intrigado o por quê disso
Ah? Não posso falar o que penso?
Mostraram: "Firmaste compromisso
Não o quebres, se tens bom senso"

INSISTI E CONTINUEI A FAZER PERGUNTAS ENTÃO PASSEI A NÃO SER CONVIDADO VIA TODAS AS PESSOAS SEMPRE JUNTAS SÓ EU COMECEI A FICAR MAIS ISOLADO

Pensando um pouco compreendi
Que me queriam só como escravo
Por poucas migalhas eu me vendi
Decidi virar então guerreiro bravo

DE OGUM, PEDI EMPRESTADA A LANÇA

OXOSSI, ME FEZ VOLTAR À FLORESTA

IANSÃ ME MOSTROU A NOVA DANÇA

VOLTEI A TER NO ROSTO RISO DE FESTA

Mas sei que eu voltei para guerra
Contra quem massacra meu povo
Escravizaram o negro nesta terra
Isso não deve acontecer de novo

Podem tremer senhores de gravata
Em nome de Xangô eu vou pra luta
Minha força hoje já vem lá da mata
Se preparem para ver nova conduta!

SARAVÁAAAAAA!!!

LOBINHO

*"Por que? Por que?
Por que nasceu preto
Tem que morrer?"*

1891... estou nesta prisão
Cenário que turva a visão
Não entendo qual a razão
De só viver quem tem brasão

Saí da senzala pela abolição
Sem de escola aprender lição
Ser humano em demolição
Vivendo esta triste aflição

Fui preso... por vadiagem
Acusado de malandragem
Imerso em insólita viagem
Da mulher preta... miragem

Deram-lhe nova designação: puta
Utilizando seu corpo como labuta
Brancos criminalizam sua conduta
Matar a fome... é sua única luta

Perseguida no seu dia-a-dia
Chamada na esquina de vadia
Apagando o brilho que irradia
Ah, Lei da vadiagem! Covardia!

CULPA DO CHAMADO "EUGENISMO" A FORMA MAIS CRUEL DE RACISMO EMBRIÃO QUE GEROU O FASCISMO EUROPEUS SEGUINDO SEU CATECISMO

Base da Teoria do Branqueamento
Causando em meu povo sofrimento
Somos tratados feito excremento
Restando-nos de novo, só lamento

Fruto da evolução por miscigenação
Até nos pretos trazendo alienação
Em minha nação, esculhambação
Devemos por isso partir para ação

**SE ESQUIVANDO CONTRA A MORTE
MUDAREMOS A PERVERSA SORTE
QUE NA PELE É MAIS UM CORTE
NA ALMA DE MINHA GENTE FORTE**

Não deixarei de ser o "capoeira"
Da boca não sairá mais asneira
Chega de aceitar essa "zoeira"
Falou besteira, comerá poeira!

EMPREGAREI AS FORÇAS PARA EXISTIR NA EQUIDADE IREI SEMPRE INSISTIR A SOBREVIVER NÃO VOU DESISTIR MEU LEMA SERÁ: "EU VOU RESISTIR"

"Por ter a cor preta
Não vou morrer!"

LOBINHO

SARAVÁ **OXOSSI**
SARAVÁ **OGUM**

MOJUBÁ!

"**MOJUBÁ**, que na língua Iorubá
Quer dizer **RESPEITO**
MOJUBÁ, que na língua Iorubá
Quer dizer **RESPEITO**"

Vieram no arquipélago de Açores
Camões nomeou "ilha dos amores"
Seu povo colhendo feito flores
Mudando o mundo e suas cores

Impuseram aos africanos a dor
Na sua fé cega fogueiras e ardor
Nos descendentes nasceu o clamor

"HOMEM BRANCO...
TENHA AMOR!"

Se valeram de um ato ordinário
Nos fizeram peixe em aquário
Nadando contra um bravo rio
"Em noite triste a tremer de frio"

E CONDENAM A PALAVRA REPARAÇÃO DEIXARAM NEGROS SEM PREPARAÇÃO ESCRAVIZADOS SEM PÁTRIA E NAÇÃO É POR ISSO QUE ESTAMOS EM AÇÃO

Sejam bem vindas **todas as cotas**
Tiraremos sempre **as boas notas**
Chega de só limpar **suas botas**
Não somos mais os **seres idiotas**

Seguiremos assim **empoderados**
Com nossos anseios **desvairados**
Se preferirem, inteiramente **pirados**
E se desafiarem, estamos **armados**

De livros, palavras e **nossa história**
Conscientes dessa **triste trajetória**
Na cabeça, guardamos **a memória**
Da humilhação que **acabou: vitória**

Hoje buscamos **devido respeito**
Ainda existem **chagas no peito**
Mas nada que **não tenha jeito**
Não choramos mais a **sós no leito**

Sei que novamente **irão julgar**
Podem até **chamar de "vulgar"**
Mesmo assim **vamos divulgar**
Verdadeira **liberdade promulgar**

Defenderemos **nossa crença**
Sofremos na **vossa presença**
Já tivemos **tua vil sentença**
"Xô" preconceito, **sai doença**.

**IORUBÁS,
NAGÔS,
JEJÊS,
MAKUAS,
MONJOLOS,
EGBÁS,
IJEXÁS,
ÓYÓ, EWE...
NAMASTÊ.
MOJUBÁ!!!..**

- DEMOCRACIA RACIAL
- CRESPOW
- PRETO ESSENCIAL

CLEYTON MENDES

foto: Sergio Silva

DEMOCRACIA RACIAL

As canetas daqui
escrevem com tinta
cor de sangue
sangue esse que cansou
de transbordar de suas
taças de "igualdade"
e agora sem receio nem
pudor, rabiscaremos
nas suas paredes
brancas
os nossos anseios de
justiça e liberdade!
LIBERDADE!
LIBERDADE!

Liberdade que até hoje nos é negada
toda vez que por causa da minha cor, mudam de calçada
escondem a bolsa e fazem piadas
"mas a escravidão acabou" você me diz
só que não, pois a lei áurea foi assinada a lápis
ofereceram-nos lápides ao invés de oportunidades
a abolição está para o golpe
assim como o tronco está pra redução da maioridade

Suas reformas, fábricas, vagões, camburões
nos remetem a um canavial moderno
onde senhor de engenho chicoteia com falácias
usando gravata e terno
eternos subalternos, assim que querem nos ver

A cada 23 minutos um negro é assassinado
e a maioria sem nem se reconhecer
identidade afrô, não está no RG
só que eu tenho 10.639 motivos pra dizer
Pretos! Pretas! Nossa raiz, ancestralidade é realeza
E num ato de legítima defesa
revidaremos o seu preconceito
mostrando na prática o que é coisa de preto
Assim como Conceição Evaristo, José do Patrocínio, Lima Barreto
farei tsunami do oceano atlântico que carrego dentro do peito

Poesia com sabor de pólvora te ofereço a degustar
cuidado senhor racista pra não engasgar
confesso, os meus versos podem soar um pouco indigesto
indigesto como o estereótipo de bandido
como ser maioria nos presídios
indigesto como plástico estendido

E uma lágrima escorrendo do rosto de uma mãe
que precocemente perdeu o filho
indigesto como uma família inteira sobrevivendo
num cômodo mal arejado
como um Palio com 111 tiros perfurado
Indigesto como ver um menino brincando com fuzil
pois, pelo Papai Noel ele nunca foi lembrado
Indigesto como ter sido roubado, colonizado, catequizado
E saber que esses traumas nunca serão cicatrizados
Indigesto como ser o único negro sentando na mesa de um restaurante
e por isso se sentir culpado...
"Mas Cleyton, de novo tá falando nisso?
Você num acha que tá sendo monotemático"?
Sim, serei repetitivo enquanto o racismo continuar estático
todos os negros aqui presentes
vivem com um monstro à nossa frente
um monstro fantasiado de amigo, pra camuflar o perigo
mas que usa perfume aroma jazigo
um monstro que reflete a suástica no olhar

E COM AS MÃOS CHEIAS DE SANGUE VEM NOS CUMPRIMENTAR
E SUSSURRAR NO OUVIDO "O GENOCÍDIO É ALGO NORMAL"

O GENOCÍDIO É ALGO NORMAL...

O nome desse monstro?

DEMOCRACIA RACIAL!

Poeta Akins Kinte já falou
mas eu volto a repetir
que duro não é o cabelo
duro é o seu preconceito
que tenta nos reprimir

CRESPOW

Não existe cabelo duro
deu pra entender?
o que vocês estão vendo aqui
são raízes prestes a florescer

Duro? Duro é o chão, é pedra, parede, madeira
meu cabelo não! meu cabelo é pura capoeira
pronto pra gingar, e queira ou não queira ele vai afrontar
meu cabelo é disporá, forte como baobá

E se for preciso, o seu eurocentrismo
tipo Mohamed Ali vai nocautear
e se libertar... desse padrão
pois meu cabelo não é duro, meu cabelo não é ruim
pelo contrário meu cabelo é muito bom!

Duro? duro é ter que aturar piada racista
Duro é meu cabelo ser o motivo por eu não passar na entrevista
Duro é nossas crianças quererem ser a Barbie
sem nem conhecer Abayomi
duro é nossos heróis em tese nem existir
dura é beleza renegada, duro é a opressão
dura é menina apedrejada por causa da religião

DURO? DURO É EU SER SEMPRE VÍTIMA DAS BALAS PERDIDAS DAS ESTATÍSTICAS, DOS ENQUADROS

duro é ver youtubers brancas dando dicas
de como deixar o cabelo mais cacheado
Duro?

é todos os dias ter que escutar "como você faz pra dormir?"
"como você faz pra lavar?"
"Seu cabelo é bonito, mas já tentou alisar?"
Duro é o seus negócios sua química a sua "solução"

Duro é ver as nossas rainhas além de flertarem com alisantes
chapinha, flertarem também com a depressão...
tudo isso é duro, o meu cabelo não!
então!!!
eu vou gritar, feito um desvairado
(pra encorajar mais irmãs e mais aliados)

PROGRESSIVA NÃO É PROGRESSO!

Deixemos nossos cabelos armados
armados de africanidades
Hei!
vem comigo esfregar nossos Black's na cara da sociedade!
esfrega o dread, a trança, o turbante se preferir
o importante é a gente estar bem
o importante é a gente sorrir

E... Meu crespo, minha trança
não é adereço é herança
é ânsia de ancestralidade
é afirmação e reconhecimento da minha identidade
o meu cabelo natural não é tendência
meu cabelo natural é resistência!!!

MAS ALGUMAS PESSOAS NÃO ENTENDEM ESSE FATO QUE É ÓBVIO QUE EM CADA FIO EXALTADO TEM UM RIO DE HISTORIA, E 100% DE AMOR PRÓPRIO NÃO EXISTE CABELO DUROOOO!

Eu vou repetir isso quantas vezes for preciso
somos lindos, não precisamos ser lisos!
somos lindos, lindas, lindos, lindas...
e se vier me debochar, perguntar se eu perdi meu pente
É melhor se preparar, pois é você que vai perder... os dentes

Pois eu e meu cabelo seguiremos imponentes
como se fosse uma vingança
pois duro não é o cabelo
duro é o racismo!
Duro é a sua ignorância

CLEYTON MENDES

PRETO ESSENCIAL

Renegado do Funk tipo Afrika Bambaataa
mas sou herdeiro de Zumbi, carrego as forças da mata
mantendo a raiz viva na minha poesia,
pois somos pérola negra, tipo Luiz Melodia
"e se alguém perguntar por mim, diz que fui por aí..."

Ocupar os espaços, irreverente igual Will Smith
um maluco no pedaço
de passo em passo reescrevendo a história
pois sinônimo de preto é... VITÓRIA

E acho bom se acostumar em ver a gente brilhar
vão ter que respeitar meu tambor, meu orixá
Não vamos nos calar, foi-se o tempo de se curvar
e sai pra lá, com esse preconceito,
Pois, quem constrói os castelos é a gente que vem do gueto

Me diz aí, o que te incomoda mais
ver a gente sorrir ou recebermos tratamentos iguais?
rapaz, eu não tô aqui pra declarar guerra de preto contra branco
eu não fecho com segregação

Eu só quero enxugar o pranto
do meu povo que ainda come os frutos da escravidão
e na minha revolução tem muito swing derramado
Salve Lews Barbosa, filho de Fela Kuti não fica calado
e de poesia eu tô armado até o pescoço tipo Zé do Caroço
cantado pela Leci Brandão
eu vou fazer alvoroço
pois bate mais alto que Olodum os anseios do meu coração

Então seguimos assim, potente como a voz da Aretha Franklin
imponente como Al Green
sim, sou traficante cultural, não faço nada de mal
só tiro os moleques do camburão e levo pro sarau...
e vai ter preto no jornal, no teatro no cinema na capa de revista
nas universidades na televisão

PROTAGONISTAS COMO SIDNEY
POITIER, GRANDES COMO OTELO:
LUZ ,CÂMERA, AÇÃO...
GRAVANDO, REGISTRANDO MAIS
UM PRETO SENDO CAMPEÃO
É O GOOOOOOL, DA MINHA MÃE,
PRETA, GUERREIRA, MULHER
NÃO FEZ MIL GOLS, MAS É
UM MILHÃO DE VEZES MAIS
IMPORTANTE QUE O PELÉ

E com nossa pele vamos driblando a discriminação
"Mais amor sem favor", tá faltando Bob Marley no coração
Mesmo assim eu vou, porque eu "Soul" a transgressão
Tipo o Itamar Assumpção, "Soul" Djavan voz e violão

"Soul" B.B King "Soul" Luther King
"Soul" Anderson Silva tô de volta no ringue
"Soul" Serena Williams com a raquete, Miles Davis com trompete
"Soul" o Jordan no basquete
"Soul" João do pulo, Daiane dos Santos, Milton Nascimento
"Soul" Elza Soares, vim do fim do mundo pra ampliar seu pensamento
"Soul" Tim Maia Racional "Soul" o Fundo de Quintal
"Soul" Wilson Simonal, "Soul" o funk do James Brown
"Soul" Cartola malandro genial... Na moral

deu pra entender que não existe pretinho básico?
preto é essencial

- **ÓTICA EXÓTICA**
- **LEI RIO BRANCO**
- **NA MIRA DO SISTEMA**

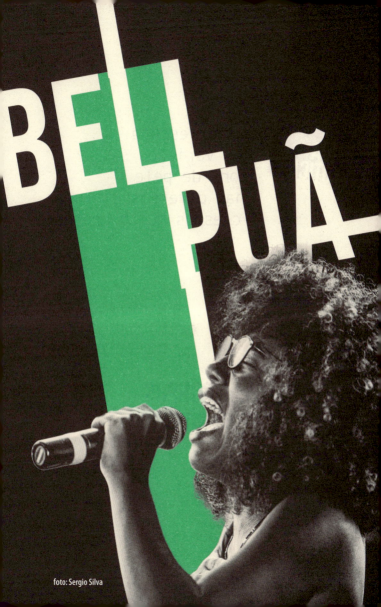

foto: Sergio Silva

mulher escura
nos variados
tons de pele
nas diversas cinturas
crespos muito crespos

cacheados até aceitos
lisos alisados
pouco e muito peludo
nariz largo nariz fino
boquinha de peixe
lábios grossos

MÚLTIPLOS CORPOS
MÚLTIPLOS ROSTOS

SÓ UMA
APENAS UMA
A TUA ÓTICA: EXÓTICA
LOGO MINHA BELEZA
QUE APRESENTA
NA MAIORIA DA POPULAÇÃO
AINDA LIMITADA NA TUA
ÓTICA-EXÓTICA
QUE ME ABREVIA
ME DEMARCA
ATRAVÉS DE UMA
LENTE-COLONIZAÇÃO?

LEI RIO BRANCO

o passado ainda
acorrentado
entre as pernas
da mãe preta
é memória cativa

**NO ÚTERO EM RISTE
ONDE A CRIA RESISTE
PELOS VENTRES NEGROS
APRISIONADOS
PARA QUE O NOSSO
PUDESSE
BRINCAR DE SER LIVRE**

BELL PUÃ

NA MIRA DO SISTEMA

quem da escravidão
padeceu
levando chicotada
nas costas?
senzala virou
nome chique
pros brancos que
hoje debocham
dos quase 400 anos que fomos propriedade deles
num país que tem 500 anos
é, sociedade que dissocia
favela de quilombo
casa grande de mansão
escravo de pobre trabalhador
senhor de engenho de patrão
quem? quem foi atirado à barbárie
sem indenização? quem padeceu da
escravidão?

Pretos!

qual a cor que os cristãos elitistas
não querem que Jesus carregue?
se tiver loiro do olho azul na Ásia

dois mil anos atrás, eu cegue!
qual a cor que os anjinhos da guarda desenhado nas igrejas nunca têm na pele?

Pretos!

**QUAL A COR DA MULHER QUE TEVE A VIOLÊNCIA DOMÉSTICA MULTIPLICADA,
O TOM DE PELE
DAS MINA DAS QUEBRADA?
NÃO
NÃO ME PEDE CALMA
FINGINDO QUE NÃO FAZ DIFERENÇA
MÃE BRANCA RICA É DONDOCA
MÃE PRETA, SENTENÇA**

Pretos!

BELL PUÃ

teve a raça considerada no Brasil
como inferior
com licença, seu doutor,
vocês que são tão sabidos
como se explica
os negros erguerem pirâmides no Egito
e nas escola até os anos 70
se aprender que eu não sou
tão capaz assim de raciocinar?
os brancos são civilizados
fazem as leis coisa e tal
ao preto só serve de
se matar em trabalho braçal?
vocês eram tudo eugenista
acreditando na branca supremacia
pouquíssimo tempo atrás

NÃO, CARALHO NÃO É TANTO FAZ!

perseguição à minha cor não é achismo
tô falando de história
anos 1930 não tinha escravidão,
mas tinha ciência, escola

e universidade passando pano pro racismo
política de imigração
pra trazer os europeu que pudesse
embranquecer a população
de pretos!

querem nos falar de bons modos
bom costume, ensinar valores e tudo mais
sendo que criaram ku klux klan, jim crow
e apartheid!
cidadão de bem minha buceta
se liga na treta que deu
fascista e nazista nos desprezaram
tanto quanto fizeram com os judeus
de uma vez por todas admitam
"seus orgulhosos descendentes de europeu"
durante todo o século vinte
ter cabelo liso era requinte
black face a piada da elite
vocês que criaram regimes desumanos
pra separar os brancos
dos pretos!

BELL PUÃ

ALÉM DE TUDO MASSACRADOS
POR SEUS PADRÕES DE
BELEZA, BALELA
NEM O MEU CABELO DEIXARAM
EM PAZ
NEM OS MEUS TRAÇOS FÍSICOS
TIVERAM TRÉGUA
MAS O ORGULHO DA MINHA
PELE NINGUÉM TIRA
AINDA QUE AS BALA PERDIDAS
JÁ TENHA ALVO CERTO NA MIRA

PRETOS

- AINDA SANGRA
- AO MESTRE MOA COM CARINHO
- LÁGRIMAS DE BENEDITA

NELSON MACA

foto: Petterson André

AINDA SANGRA

PARA LENO SACRAMENTO

Não
Não foi de raspão
Foi em cheio
No centro
No miolo
Foi dentro
Bem na mosca

Bem no meio
Não
Não foi por engano
Foi com acerto
No jovem
No negro
Foi certeiro
Bem no alvo
Bem no preto

**NÃO
NÃO TEM SURPRESA
FOI REPETIÇÃO
OUTRA VEZ
OUTRO FATO
NOVAMENTE
BEM DADO**

NELSON MACA

Bem feito
Mas não
Não foi 100%
No palco
No poema
Na vida
Ainda sangra
A fenda
A ferida

AINDA SANGRA

SIM
FOI COM DEFEITO
SUSPIRA
INSPIRA
EXPIRA
AINDA RESPIRA
O ELEMENTO
O SUJEITO

NELSON MACA

AO MESTRE MOA COM CARINHO
PARA MOA DO KATENDÊ

Quebra a tranca,
destranca a rua
troca as demandas,
liberta a mente
Exu é a chave

Abra os caminhos da gente
A ti, Mestre Moa, com carinho
na lembrança de te ver dançando
não te esquece quem te ouviu cantando
não te esqueço, pois, te vi sorrindo
Retorno, reconstrução
renascimento

VAI-SE A MATÉRIA, FICA O EXEMPLO
CIMENTO NO TEMPLO DO TEMPO
ESSA LUTA BERIMBAU PODE SER
ESSA DANÇA AFOXÉ BADAUÊ
ESSE CANTO IJEXÁ KATENDÊ
ESSE MOÇO LINDO É VOCÊ.

AS LÁGRIMAS DE BENEDITA

PARA BENEDITA DA SILVA

As lágrimas de Benedita
Escorrem sobre minha própria face

O sal na boca de quem acredita
A dor no peito de quem prova
A solidão do cárcere do amigo

A cor de Benedita
Espalha-se em minha própria pele

O preto de quem reivindica
A cor de quem comprova
Na multidão, liberdade vigiada

A história de Benedita
Alastra-se na minha própria família

O pai que enfrentou os batalhões
A mãe que não fugiu à luta
O desfazimento da diáspora

A FORÇA DE BENEDITA ENTRANHADA EM MEUS MÚSCULOS

Dá rigidez pra carne viva
Robustez pra memória afetiva

A CERTEZA DE QUE É TEMPO DE LUTA!

- DESEJO
- AFAGO
- IDENTIDADE

PATRÍCIA MEIRA

foto: Sergio Silva

DESEJO

Eu queria falar sobre outra coisa
Eu queria mesmo mudar de assunto
Inclusive, eu queria não ser obrigada a resistir o tempo todo
Só porque decidiram que por ser preta aguento tudo.

Eu queria esquecer
Mas não tem como não lembrar
Afinal, são mais de 500 anos sentindo o gosto da mordaça
as brechas da lei Áurea
A invasão do açoite na carne
As consequências da lei da vadiagem
São mais de 500 anos de vida roubada
de história que não foi contada
Mais de 500 anos sendo hipersexualizadas
estupradas e silenciadas
E vocês ainda se sentem no direito de sentar na nossa mesa
e tomar nosso espaço de fala
Diz que é daora os rolê no gueto

Mas quando foi que você se lembrou de mencionar no seu TCC
a solidão do povo preto?
Se incomoda em ser chamado de racista
e não vê problema nenhum em namorar mina retinta
mas só faz isso em segredo
Eu estou mesmo é cansada
dessa colonização que não termina nunca
Já tem até europeu colonizando a quebrada
E essa conta atrasada que vocês têm com nós, quem paga?
Mas nem fudendo, faço o jogo do algoz
Se você quer mesmo agregar na luta, deixa que a gente fala,
Não precisamos de porta voz
Minhas palavras te soam agressivas, elas te doem?
Dói muito mais em nós
Ser tratados como a escória
Ter os heróis ausentes na história
Ver que uma criança preta, que deveria só estudar
vive resistência na escola
Ei educador! qual é sua responsabilidade?
Toma coragem, assume
quando uma criança preta é chamada de macaca
não é brincadeira de mal gosto
é racismo, e não é bullying
Será que nesse combo cabem os nossos escombros?

QUANTOS CORPOS PRETOS CABEM NA TUA "INJÚRIA RACIAL"?
JÁ PAROU PRA ESCUTAR AS TUAS PIADINHAS RACISTAS?

Se escuta falando: que tem um pezinho na senzala
Deve ter mesmo
tá no teu DNA estuprar
as minhas como os teus faziam de madrugada
Quando eu falo, vocês todos, acham ruim, torce o bico
vira a cara, me chama de desaforada
mas não sabe quantos sapos engoli, quantas vidas já perdi
minhas superações fizeram até gato ter inveja de mim.
Dizem que quem sai aos seus, não degenera
Então quando eu passar, sai da minha frente
respeita minha coroa, eu não ando sozinha
Quem me acompanha é Rainha da encruza
Agora sim pode dizer tal mãe, tal filha.
E é por isso que eu vou sentar na tua mesa

comer da tua comida e com teu veneno só me fortaleço.
A minha ginga é uma estratégia pra te fazer me aplaudir de pé
e abater teu ego com o meu trabalho de preto.
Vocês se alimentam a anos do nosso banzo
e disso eu não esqueço.
Quanto mais claras forem as tuas inclusões, mais eu escureço
Eu só vou mudar de assunto, quando vocês devolverem tudo
que roubou do povo preto.

ENTÃO SIGAMOS ASSIM, SEM DEIXAR AMORDAÇAR NOSSA BOCA,

NO MAIS É FOGO NOS RACISTAS E PRA QUEM RECLAMAR É POUCAS

PATRÍCIA MEIRA

AFAGO

Ei preta, preto,
Hoje eu não vim aqui
pra apontar o dedo na
cara do racista,
Talvez eu faça isso
mas hoje preta, eu
vim aqui pra te fazer
um afago

te dar um abraço e sussurrar no teu ouvido: UBUNTU
Eu sou, porque nós somos.
Preta, do lombo marcado
dos pés calejados, do coração cansado
do corpo que carrega o peso do mundo
e só queria mesmo o remanso de um abraço
Vem preta descansa aqui.
Preto eu sei que de tanto de obrigarem a sorrir
seus dentes brancos estão amarelados, feito foto velha.
Hoje, eu não quero te pedir pra resistir
eu sei que você não é de ferro, eu também não sou
apesar de pensarem o contrário sobre nós.
Então preto, quer chorar, chora
não deixa ninguém te roubar o direito de desaguar tuas dores
tua solidão que não se lembram de mencionar

com a desculpa que você é forte,
foda e que negão não pode chorar.
Chora preto, chora...
quantas vezes quem disse que você não podia chorar
veio te dá um abraço pra compensar a ausência das lágrimas?
Quantas vezes já chegaram em você
enfatizando o tamanho do seu pau
e sequer mencionaram que você talvez tenha um coração
tão grande quanto a imaginação deles, sobre o teu sexo?
Preto, chora não é feio chorar
as lágrimas não te torna menos homem,
te faz mais humano.
Até o super homem chorou, lembra de Jesus?
Chora preto, esvazia esse peito da dor
do remorso de não ser melhor pra si mesmo
porque te obrigam a viver um personagem
e você entrou nesse drama, mesmo sabendo o final.
Preta, não é covardia desistir de algo
acredite até pra ser covarde tem que ter coragem.
Preta não é sinal de fraqueza, parar pra descansar
ir deixando pra trás o que tem te impedido de dar passos maiores
Não é fraqueza preta, nem egoísmo deixar que alguém siga sozinho
pra manter a sua sanidade mental.
Você não precisa carregar ninguém nas costas

você não precisa deixar
que continuem enfiando o dedo nas tuas feridas expostas
VOCÊ NÃO PRECISA PROVAR PRA NINGUÉM QUE É FORTE QUE É FODA NA HORA DA FODA. CHEGA!

Se olha no espelho, já reparou que seus olhos são lindos?
Já reparou o quanto teu crespo, encaracolado,
fica bem com o formato do teu rosto, reparou?
E por falar em cabelo, tá feliz com ele, não?
Então corta, raspa, trança, alisa.
Mas preta escuta, só faça se for pra ficar bem consigo mesma
você não precisa ser pantera negra,
Então mude, transmute, seja Camaleoa.
Preta, preto, abandona esse fardo de foder com seu psicológico
pra alcançar o padrão do corpo magro e sarado.
Quebra essa balança
e descansa desse exercício diário pra se enquadrar.
Você não é menos sensual por ser gorda
você é maravilhosa exatamente como é

Preto não é pecado amar outro homem
preta não é pecado amar outra mulher.
Pecado mesmo é não saber amar
é não reconhecer o valor do outro
é suicidar a vida dentro de si,
pra viver no umbral das vontades alheias.
E se algo te incomoda, põe pra fora
grita, extrapola, chora, chora mesmo.
Quando acabar vai diante do espelho e abra aquele sorriso.
Perceba de uma vez por todas o quanto você é linda
o quanto você é lindo.
Repete, eu sou linda, eu sou lindo.
Repete pra si, todos os dias como um mantra
e se for preciso repetir 10 vezes até você se convencer
você repete
Pois quem disse que você não era bom
disse de um jeito que você não esquece.

ENTÃO TODAS AS VEZES QUE VOCÊ SE LEMBRAR DIGA

EU SOU MARAVILHOSA, PROMETE?

PATRÍCIA MEIRA

IDENTIDADE

Passei a vida inteira
vivendo meias verdades
Sempre tive RG não
tinha identidade,

Me olhava no espelho e tinha vergonha de mim mesma,
me disseram que eu era tudo,
Morena, mulata eu só não sabia que era preta.
Agora você aceita
depois de tanto negarem a minha história eu me descobri.
Eu não estou aqui pra ser tua Barbie
porque nasci sendo abayomi.
Já sofri calada as tuas humilhações
hoje em silêncio eu não mais sofro.
Você só vai ter minha cabeça baixa
se conseguir arrancar ela de cima do meu pescoço.
Eu sou a intrepidez de Harriet Tubmam
sou a mulher preta, gorda, lésbica
e nordestina que você não reconhece a luta e insulta.
Mas, eu estou e não preciso ser igual a você pra Resistir.
No teu ouvido ou sou o garfo arranhando o prato
sou a mina que você tentou fazer de capacho
mas não conseguiu.

Você viu, que mina preta não é bagunça?
Assume o teu lugar de privilégio e escuta.
Eu sou aquela neguinha que meteu fuga
e te deixou passando mal
quando você planejou estuprar
como um senhorzinho fazia no canavial.
Eu sou o silêncio quebrado, sou a mosca no teu prato
e esse você vai ser obrigado a pagar.
Eu sou a praga
o feitiço que as bruxas antes de serem queimadas lançaram sobre ti.

EU SOU AQUELA QUE VOCÊ SEMPRE SILENCIOU

MAS HOJE QUERENDO OU NÃO VAI TER QUE OUVIR.

Eu sou aquela que quando você escreve uma história pra mim.
Eu vou e apago
eu sou a princesa que se depender do meu beijo
você continua sendo sapo.
Eu sei bem que depois de tudo isso
você vai achar que entrou pra minha lista negra
Mas fique tranquilo e acredite
que na minha lista negra
só entra quem é vip
esse, não é o teu caso.

PATRÍCIA MEIRA

- RAP TÁ OSSO
- O PRINCÍPIO DO COMEÇO
- JOGA A PEDRA ESCONDE A MÃO

DKG
DE KILOGRAMA

foto: arquivo pessoal

> Arrebentei todas
> paredes desse poço
> rasparam minha pele
> tinha rap até o osso

e isso tudo tá errado suas mentiras do outro lado
suas verdades são enganos seus acertos exaltados
cadê a tal humildade?
o bagulho não é compromisso?
pra que tanta vaidade?

se a resposta vem ao vivo nos palcos sem maquiagem
sofri um atentado Dkg Sabotage, invejas, falsidade
diss patifarias, dormiu pensando em mim e olha só quem diria
e eu choro no improviso eu apavoro sou zero Dekilograma

e isso eu não decoro dos poros
sai um flow doce, seco, forte e amargo
paguei o psiquiatra e confundi o sábio
sou chato e dei um salto do fundo do poço
aqui é rap embaixo da pele caso raspe o osso

ARREBENTEI TODAS PAREDES DESSE POÇO
RASPARAM MINHA PELE, TINHA RAP ATÉ O OSSO

Chibatadas que pegava castigo e arriada arrebenta minha pele
mas minha alma é intocada geração após geração
espírito não morre, ontem eu fui, produto hoje
e um corre corre corre que tá feio nos meus ombros

PRO ARREIO SOU DESCENDENTE LIVRE DOS PALMARES PASTOREIO
ESSA É A PARTE DO MEIO DE UMA HISTÓRIA MAL ESCRITA
TRAÍRAM OS LANCEIROS, CORROMPERAM NEGO PITA

**TIVE SEDE EM MINHA BUSCA DE ALCANÇAR O QUILOMBO
ME ATIRARAM AQUI DENTRO, ISSO NÃO FOI UM TOMBO
FUI CAÇADO FUI TRAÍDO, PORRA EU NEM TINHA INIMIGOS
UNS ABRAÇOS FORTES, UMAS FACADAS, UNS AVISOS TIME GRANDE**

é aquilo, te liga Daniel Dekilo os bicho tão pelo legado
se tu não tiver esperto nego, vai ser derrubado acorrentado
amordaçado, tua cova e teu poço vilão já tão preparados
arrebentei todas paredes desse poço

RASPARAM MINHA PELE
TINHA RAP ATÉ O OSSO

O PRINCÍPIO DO COMEÇO

Quanto tempo
foi perdido
até achar a missão
até achar a razão,
o motivo
e a justa causa na cadeia de pensamentos
minha mente entrou em pausa primeiro
o descontrole e a falta de direção
da casa pra escola e da escola pro mundão

revólver na mão e na mente muita maconha
fui preso pra família desonra, ó que vergonha
serviço comunitário, primeira alternativa
logo eu estava lá na fase sócio educativa
ali e que ativa sem válvula de escape
muita cabeça instruída pelo vício do crack

moleque assassino latrocínio e traficante moleque
sem estudo sem noção ignorante
gás de refrigerante
sacode que vai estourar, paguei a minha pena
e já estou aqui fora vou dar um tempo agora na rua
com os amigos um trampo na bocada logo, logo, eu consigo

tenho contato de armas
e uns cara que compra carro
ganho muita grana
em contrabando de cigarro

coleto jogo do bicho, propina para os gambé
conforto, roupa de marca, respeito e uma mulher
o que vagabundo quer eu corro pra conquistar
e só eu sei o caminho que na vida eu vou tomar
só eu sei o caminho que na vida eu vou tomar...

O PRINCÍPIO DO COMEÇO
Pra ver se dá resultado, fiz até investimento
comprei uma banca, um camelo lá no centro
um pouco mais por dentro do mundo fora da vila
nos corre de maloqueiro, mil notas em 50 pila

som estéreo última moda, notebook, Android
e a câmera mais foda, posso bancar a roda
e comprar o teu sorriso com nota de vinte
é troco, não é que eu tenho muito

E TU QUE VALE POUCO CONCEITO DOS NEGO VELHO

admiração do padrinho não, eu não fumo pedra
e não me apresento com fininho agora
eu sou bandido
mas dos bem pequenino, louco fora do ninho
eu sei onde vou pisar, coleção de inimigos
pelo jeito de pensar, a rima segue rapaz
amarga como a pinga
bandido aqui não, para não entristecê
aqui se vinga...
trincaaa os mano tudo embolado nos golpe estratégico de impulso
e planejado naquele tempo lembrei que pra eu me aposentar
bastava um último ato

LOGO EU NUNCA MAIS IA PARAR COM O CRIME DE INFORMAÇÃO

E IA FICAR SERENO VENDENDO POESIA NO BAIRRO COM MEU IRMÃO...

JOGA A PEDRA ESCONDE A MÃO

Desse jeito não adianta
eu vou ter que partir
daqui goteiras vem debaixo
quem atirou eu não vi

fui para a luta, não corri, não me rendi
sigo lutando, tô no pique
acorrentado, buscando a salvação
dos que abraça pela frente
o som é foda hein, meu irmão!
e quando eu viro as costas
joga a pedra e esconde a mão
sou Lanceiro, Lampião, Marighela e João

Olha a todos os maloqueiros nas esquinas do morrão
sou frente Revolução dos Pretos que tu vendeu
e para quem nunca entendeu
Sou herdeiro do lanceiro
vim buscar
tu prometeu
nem corto bolo, ele é meu
não vou deixar
em uma fatia o sangue do Navio Negreiro

que expande a energia desde a era dos primatas lei
nós morre e não mata
a culpa é do hipócrita de terno e gravata
deixa nossa mente fraca
visão turva e opaca
O PODER DE UMA NOTÍCIA UMA HISTÓRIA MAL CONTADA
A CULPA É DE VOCÊS, MAS ESTOU PAGANDO NA JORNADA

sou da geração dos Pretos
que não vai aceitar por nada
por isso eu estou nas batalhas
em busca desses espaços respeito
e atitude em cada frase que faço
desvio dos estilhaços
quem atirou esqueceu meu espírito é de aço blindado
e preparado pronto para mandar mensagem

Tupac, Notorious, Dina Di, Sabotage
tão ligado na função
que eu não faço o estilo
joga pedra e esconde a mão
nas linhas objetivo

É TOCAR O CORAÇÃO OBJETO NECESSÁRIO PARA NUTRIR A INSPIRAÇÃO
TÁ NA RUA É MINHA MISSÃO PARA CANTAR A LIBERDADE

crescer, ter prosperidade
entendeu qual é a viagem
talvez desse jeito no meu leito um recorde Zumbi
me deu a alma
Dandara falou acorde
querem que eu seja forte
mais juízo do que sorte
sem dá corte na mensagem
que atirou não feriu meu espírito
por nada tenho ódio

A CICATRIZ SOU HERDEIRO
DA TIGRADA ENTENDEU
NÃO POR NADA VIVENDO
ENTRE MADRUGADA
MANHÃ-TARDE ENSOLARADA
AMIGOS SÃO 32 O RESTANTE
SÃO CAMARADAS

- DO TRONCO AO ENQUADRO
- SOMOS TODOS IGUAIS!
- CONHECIMENTO REVOLUCIONÁRIO

WELLINGTON SABINO

foto: Sergio Silva

DO TRONCO AO ENQUADRO

Quantos tratamentos diferenciados por não ser branco?

Quantas vezes barrados na porta do banco? Repetidas vezes ouvimos: parado! Mãos para cabeça?

Somos convencidos que é normal que isso aconteça

Mas sou vigiado, seguido em shopping desde que era criança
Vai onde neguinho? Pega o walk talk chama o segurança
Quantas lojas que te dão preço antes te dar o atendimento?
Porque tua simples presença que deixa em choque o estabelecimento

Se o negro tem, é porque roubou
Se o negro não tem, porque não se esforçou
Quantos perfis eu não me encaixo
Quantos olhares me medem de cima a baixo
Do tronco ao enquadro, várias pancadas, muitas porradas

mas é o mesmo estrago
De lá pra cá o mesmo sentimento
Que traduz dor, humilhação e constrangimento

Por que é tão difícil parar de olhar para o próprio umbigo
e ser menos egoísta?
Porque é difícil entender que o amigo negro
não faz do branco menos racista.

**QUANTOS SÃO OS REACIONÁRIOS,
QUE NEM ADIANTA DISCUTIR
PARA QUEM NÃO ESTÁ
NA MINHA PELE
O MEU DESABAFO É SÓ "MIMIMI"
QUANTAS VEZES VOCÊ PENSA?**

Eu não sou racista, não tenho nada com isso!
Certamente, o mesmo número de vezes que direcionam
morador para entrada de serviço
Mas quantos são os crimes de ódio por causa da cor?
São milhões de pessoas unidas pela mesma dor

WELLINGTON SABINO

**DO TRONCO AO ENQUADRO SÃO MUITAS CARAS NO CHÃO POUCA OPORTUNIDADE ZERO EDUCAÇÃO.
DO TRONCO AO ENQUADRO, QUANTOS MENINOS SE PERDEM NO CAMINHO SONHAM OS SONHOS MAS VIVEM OS PESADELOS.**

Do tronco ao enquadro, quantas meninas aprenderam desde cedo a não gostar dos próprios cabelos.
Quantos descasos? Quantas mazelas das senzalas às favelas?
Dos cafezais aos corredores de hospitais
Quantas barrigas e panelas vazias?
Tantas que não caberiam em todas as poesias

**DA ESCRAVIDÃO
À CULTURA DA
DISCRIMINAÇÃO
OS ANOS PASSARAM
AS CONDIÇÕES NÃO
MUDARAM AS FERIDAS,
NÃO FECHARAM
E AS REVOLTAS
AUMENTARAM.**

**DO CHORO AO
DESABAFO E TANTA
COISA PRA DISCUTIR
DO TRONCO AO
ENQUADRO E TANTA
COISA PARA EVOLUIR**

WELLINGTON SABINO

SOMOS TODOS IGUAIS!

Me disseram que eu não
deveria fazer poesias
com temas raciais

porque afinal de contas
somos todos iguais

Sim,
somos todos iguais

Mesma consistência
do sangue

mesma textura dos
ossos e os mesmo
órgãos vitais.

Somos todos iguais
Biologicamente iguais
Mas inexplicavelmente
é o sangue do povo negro que escorre primeiro pelas calçadas
depois das batidas policiais.

Somos todos iguais; perante a lei
Mas perante o cassetete, a pele preta que sempre apanha mais
Somos todos iguais, mas não foram os alemães
nem os japoneses e muito menos os italianos
que foram escravizados no Brasil por 400 Anos
trabalhando na mira de um capataz.

Somos todos iguais
mas somente os negros africanos foram expostos em zoológicos humanos
pela Europa como se fossem animais.
Enquanto você diz: Somos iguais! Até quando?
Até ensinarem na igreja que anjo é loiro e branco
e preta é a cor do satanás?

Somos iguais! Mas, a história idólatra português
Bandeirantes que foram assassinos e assaltantes
mas negam minha cultura
e apagam história dos meus ancestrais.
E insiste que somos todos iguais.
mas para ter um trampo reconhecido
tenho que ser melhor 2 3 4 5 vezes mais.

"Somos todos iguais"

Certamente você já ouviu essa frase na TV, na revista e nos jornais
Mas enquanto isso "Black is beautiful"
vira slogan de papel de higiênico preto
para limpar a bunda de tantos boçais
que insistem em dizer que somos todos iguais.

MAS OS OLHARES!
NÃO SÃO IGUAIS
OS TRATAMENTOS!
NÃO SÃO IGUAIS
OS SALÁRIOS! NÃO SÃO IGUAIS
QUER SABER DO QUE MAIS?

Cansamos de frases cordiais
Quer saber do que mais?
NÓS NÃO QUEREMOS SER IGUAIS!
Queremos igualdade!
É diferente.

Se for para ser igual que seja nas oportunidades
se for para ser igual, que seja no número de negros
e brancos que ocupam os lugares nas universidades
Se for para ser igual
que o genocídio do jovem negro não seja mais uma triste
dura e cruel realidade
Se for para ser igual
que seja pelo respeito, pelo direito e pela dignidade.
Então, toda vez que você ouvir a frase:
"somos todos iguais"

SERÁ OPORTUNIDADE PARA VOCÊ PARAR, PENSAR E REFLETIR UM POUCO MAIS
ENTÃO VOU TE DEIXAR PENSANDO...

SOMOS TODOS IGUAIS?

WELLINGTON SABINO

CONHECIMENTO REVOLUCIONÁRIO

Nossas revoluções
vieram dos quilombos
das revoltas e das
casas-grandes queimadas
Nossa revolução já
estava escrita nas
páginas do clarim
da alvorada
Não foi a princesa
Isabel que nos
entregou as chaves

não foi pela lei áurea que a liberdade chegou até nós
Até agradeço as palavras de Castro Alves
mas agora parceiro, nós temos nossa própria voz
Somos revolucionários, somos homens gueto
Como Cruz e Sousa, Luiz Gama e Lima Barreto
Lutas que marcaram nossos dias
São as mesmas lutas que lutaram José Rufino e Abidias

E mesmo assim vão nos esquecendo,
apagando nossa raiz
E vira e mexe vão nos embranquecendo como fizeram
com Machado de Assis
Se hoje eu atravesso a rua tem gente que me vê
se assusta e esconde a bolsa

Pensa o que acontecia no tempo de André Rebouças
No tempo que a felicidade era só lampejo
Até hoje igualdade e dignidade é só um desejo
Nós sabemos que estava no coração de Carolina Maria de Jesus
quando escreveu o Quarto de Despejo
por isso eu bato na mesma tecla, é por isso que eu insisto
porque é preciso entender e conhecer as palavras de Conceição Evaristo.
Não falo só de preferências, mas o povo preto não pode comer bola
É preciso cantar Fundo de Quintal
mas que tal conhecer pelo menos uma do Cartola?
Bate outra vez com esperanças o meu coração.....
Meu coração se enche de esperança...
Esperança que tenhamos a resistência

que fez de Teresa de Benguela uma vitoriosa
esperança que tenhamos mais referências como
Djamila, Elisa Lucinda e Joaquim Barbosa

TENHO ESPERANÇA QUE NÃO HAJA CARROS DE JOVENS METRALHADOS "AMARILDOS" DESAPARECIDOS E NEM CORPOS DE "CLAUDIAS" SEJAM ARRASTADOS.

E que as cotas não sejam mais necessárias
que a pobreza e miséria não sejam mais hereditárias
Como um dia sonhou Luther King:

QUE SEJAMOS JULGADOS PELO NOSSO CARÁTER E NÃO PELA COR DA NOSSA PELE
QUE A ESSA JUSTIÇA UM DIA NOS RESPONDA:
QUEM MATOU MARIELLE?

Que nossa arte marque a história como a arte de Aleijadinho
Que os protagonismos na TV não se resumam apenas em
Taís Araújo, Lázaro Ramos e Maju Coutinho
Tenho esperanças que a revolução não cesse
Mas se algum dia ela cessar, que você a recomece
Então leia, busque, pesquise, questione se interesse
Quando você se informar
você vai perceber que o conhecimento
é mais revolucionário do que parece.

- TRABALHAR A DOR
- MÃOS AO ALTO
- EU QUERO SER

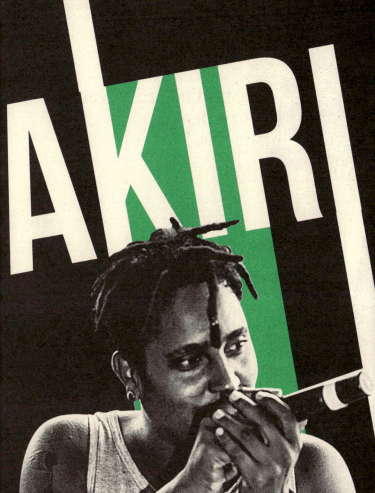
foto: Sergio Silva

um sentimento revolto
ruge dentro
de mim

vejo o mundo retroceder apagando as pegadas de minha mãe
minha bandeira foi tingida
com meu próprio sangue
dou meu sangue
por minha bandeira
não há guerra sem luta

VIVEMOS NUMA ORDEM SEM JUSTIÇA

VERMELHO ENCARNADO COM A VITÓRIA

RUBRO

ESCARLATE SEM RECUO

RUTILANTE COMO O OLHAR DE NOSSOS COMPANHEIROS.

MÃOS AO ALTO

não usarei eufemismo
não sou brando
sou de lavoura
e minha foice
arrancará tua alma

SUBSTITUIREI SEU CORAÇÃO VICIADO POR AMOR E LUTA

já nasci com acúmulos de derrotas,
meus avós nunca desistiram
o campo é mais que um emaranhado verde,
meu martelo não
pregará apenas cercas, mas destruirá seus muros capitais
contaminados de ódio
isso não é um poema
são palavras engatilhadas para sua rendição.

AKIRI CONAKRI

eu quero ser isso
que não te agrada
o insuportável que
não te deixa dormir
tunado watts
ensurdecedor

pedra gigante que se desloca rolando em bairro nobre
incêndio provocado por revoltas contra suas "conquistas" falsas
o favelado que sabe ler
o que decifra sua estupidez
o que nunca mais te elege
o que te cobra com juros
o que vende pó pro seu filho
o que nunca te pediu nada
quero ser poema de Marcelino Freire
o que entendeu Nietzsche, que não vê TV,
que não mata e ressuscita
que não bate continência, resistente,
que não crê, que não é pecado
quero ser atípico num mundo comum
quero o que é meu
o que foi roubado

eu quero sua alma
eu quero é mais
retaliação pra minhas crises, meu universo, meus banhos quentes
se vai engolir sua lama
a lama da qual você criou para que eu me suje enquanto acumula fortuna
o diabo não é pobre
só eu sou pobre em acreditar em seu trabalho digno
nas suas privatizações, indenizações

SEU SORRISO BRANCO

SEU OLHAR BRANCO

SUA MÃO BRANCA

MEU OLHAR AMARELO

MEU SORRISO AMARELO

MINHA PELE AMARELA DE SUA LAMA.

- FECHEM OS OLHOS POR FAVOR
- INÊSPLICÁVEL
- BOLSOMITO

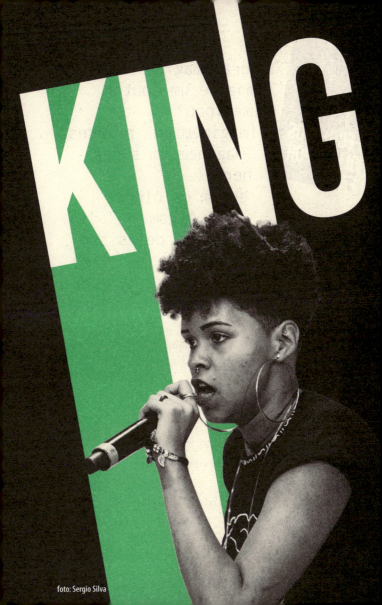

foto: Sergio Silva

FECHEM OS OLHOS POR FAVOR

agora imagine uma fada
imagine um doutor
imaginou?
imaginem uma princesa
imaginem um super
herói...
abram os olhos
e me digam
quantos deles são
negros?

agora que a reflexão dói quando dizem
que somos representados
eu sei que você notou essa diferença
só de estar de olhos fechados...
minha fada não tem asas
minha fada usava turbante
lutou na guerra
mas foi esquecida pela história
porque foi considerada irrelevante!
meu doutor?
meu doutor calou a boca de anti-cotista
enfrentou a vida e virou um médico de neurocirurgia
meu super herói king

tinha o mesmo sonho que eu
quem diria... trazer pra periferia
muito mais que os sonhos de padaria!
eu disse pro menor, você vai voar, esse é seu destino!
acho que ele entendeu errado e virou aviãozinho.
não demorou muito e pow pow pow
é tiro é tiro é tiroooo
a pm não pensou duas vezes antes de tirar a vida do menino.
sabota aí que escorre a lágrima
seu maior defeito foi não ter no peito um colete à prova de balas

BRASIL! SEU RACISMO SE CAMUFLA IGUAL A FARDA DO EXÉRCITO NA MATA...

NÃO MATA! NÃO MATA!!! ESPERA!

deixa pelo menos eu terminar essa poesia?
deixa pelo menos eu ensinar o amor próprio pra minha filha!
progressiva?! não filha, porque você tá fazendo isso ???
mãe você tá por fora, a Barbie tem cabelo liso!
e quantas vezes você viu essa cena?
uma criança branca,
rica se jogando no chão da ri happy pedindo uma boneca preta!

chega! eu já perdi minha paciência!
eu tento, mas às vezes parece que eu não consigo !
e já que eu não sei de nada então me fala...
qual é a cor de Cristo?
qual é a cor de Cleópatra ?
qual é a cor de Machado de Assis?
me diga!
quantos pretos vocês embranqueceram
pra ficar mais bonito na mídia?

SE A CARNE NEGRA É A MAIS BARATA ENTÃO ME FALA!

ONDE DEUS COLOCOU O CÓDIGO DE BARRAS?

eu não ataco branco, ataco racista!
dia de consciência humana devia ser primeiro de abril!
no dia da mentira!

e dia de consciência negra devia ser interno
todos os dias pra provar pras pretas o quanto elas são lindas!
pra mostrar pra um preto,
que ele vai ser enquadrado pela polícia!
só que dessa vez ao invés de drogas
e armas...exibe seu diploma de medicina!
o mar tá mais salgado pelas lágrimas pretas derramadas
as mesmas lágrimas que viraram iceberg pra afundar esse teu Titanic!

VAMOS VER SE VOCÊ MATA ESSA CHARADA!

PROS PRETOS... O CÉU VAI SER O LIMITE!

ME CHAME DE REENCARNAÇÃO DE DANDARA!

> *"Sabe o quanto
> eu lutei?
> Pra fazer você feliz?
> Eu te eduquei não
> tinha dinheiro
> mas te ensinei,
> a minha parte,
> eu sei que eu fiz."*

mãe eu sei o quanto você lutou por mim
se lembra de cada noite que você passou sozinha
chorando e sem dormir?
cada humilhação que você teve que passar
pra não deixar nada faltar na nossa mesa
quando dava, trazia bolacha... que alegria imensa!
esses boy reclamando de barriga cheia!
achando que sabem o que é passar dificuldade!
não sabem o que é passar fome grávida
com duas crianças de três e quatro anos de idade!
magra! pálida! mas com a luta constante,
como diz Emicida:

pra nóiz punk
é quem amamenta enquanto enfrenta os tanque
a roupa suja e a vida sem amaciante!

dizendo que não estava com fome!
mentindo ...
só pra gente comer...
você percebe como é?
ver o peso do mundo nas costas de uma mulher?
minha mãe lutava contra a depressão
e contra o suicídio, e tudo que te impedia de cometer...
era o futuro dos seus filhos!
e pai aonde você tava?
porque não quis me ter como filha?
nóiz passando fome e dificuldade
e você enchendo o carrinho de compras da sua nova família?!
minha primeira lembrança de um pai

É VER MINHA MÃE SENTADA ENSANGUENTADA EM CIMA DE UMA CAMA!

VOCÊ ACHA QUE É POUCO?

VER QUEM ERA PRA SER SEU HERÓI ESPANCANDO SUA MÃE NO SOCO?

eu cresci, e na infância arrumava muita treta...
pergunta pra minha mãe branca, como é ter uma filha preta...
é mãe eu tava me lembrando daquela vez que eu não parava de
chorar e você não parava de me perguntar o porque eu tava chorando.
eu te olhei e disse; mãe eu queria ter o joelho igual o seu...
você me olhou e disse; filha seu joelho é igual o meu!
não mãe! Eu queria ter o joelho da sua cor...
seu coração parou, o choro você segurou e querendo saber me perguntou...
por quê?
mãe a menina da escola disse que não podia ser minha amiga por
causa da minha cor e do meu cabelo
o coração acelerou, o sangue esquentou, brava e indignada foi a
primeira a fazer barraco onde eu estudava...
é mãe, quem te vê não te dá nada!
não sabe das conta atrasada, dos bacana que te humilhava
não sabe que você também teve o quartinho da empregada!
não sabe das suas lutas na diária!
de como você levantou a cada surra tomada!
eu queria falar de tudo!
mas eu só tenho uns minutos
eu queria terminar dizendo o quanto me orgulho de ser sua filha!

lutou e provou pro mundo que quem ama
nunca abandona sua família!
por isso hoje eu sou essa mulher à frente!
ela me ensinou a ser independente!
é que seria muita apelação ter um pai!
porque com uma mãe dessa...
já é mais que o suficiente!

INÊS PAIM DA SILVA! É PRA VOCÊ ESSA POESIA!

É MINHA INSPIRAÇÃO PRA LEVANTAR TODOS OS DIAS

E ESSE FATO É INDESCORDÁVEL

PORQUE VOCÊ É A INÊS!

A INÊSPLICÁVEL...

é coisa de preto levar
chicotada 500 anos
depois sorrir

é coisa de mulher
esquentar a barriga
no fogão engravidar
depois parir

é coisa de gay
ser doente mental
e na sociedade
patriarcal não se
incluir

é coisa de pobre
e nordestino
trabalhar igual
um condenado

e comer capim

espera aí, meu senhor!
agora é você que vai me ouvir!
é coisa de preto ser Mandela, Rincon, Lázaro e Negra Li
é coisa de preto ser Usain Bolt, Dandara e Zumbi
é coisa de mulher ser Joana D'Arc, Nina Simone e Dina Di!
é coisa de mulher ser Rihanna, Beyoncé, Drika e Stefanie!
é engraçado!
racista assistindo Todo Mundo Odeia o Chris!

É ENGRAÇADO!
VER TAÍS ARAÚJO NA GLOBO COMO PRINCIPAL ATRIZ
É FODA VER UM PRETO COMO MERITÍSSIMO JUIZ
É FODA VER UMA TRANS VIRANDO UMA IMPERATRIZ

é foda ver nordestino almoçando em restaurante italiano
é foda ver um pobre com uma beca se formando!
é eu já sei...

VOCÊ TEM É MEDO!
MEDO DA NOSSA EXISTÊNCIA! !
TEM MEDO PORQUE SOMOS A ALIANÇA DA RESISTÊNCIA

é meu senhor, eu te entendo
eu também no seu lugar teria muito medo!
anota aí, mais um nome pra sua lista!
o que você tem agora é resistenfobia!
nada de beijinho no ombro nós só miramos na cabeça!
agora vocês vão respeitar
as mina, os mano, as bicha, os preto e as pretas!
avisa lá que viemos pra derrubar essa presidência!
crença? vocês nem conheceram o Jesus de Carolina
só conhecem o D'Arc de Joana quem diria!
vocês nos matam, tomam nossas terras
nos escravizam e... onde está sua doutrina?
só não esqueçam que sua querida Brasília
foi construída com mãos nordestinas!

CIDADÃOS DE BEM ONDE SERÁ QUE ESTÃO?
NO BISPADO, NO PÚLPITO OU NO ESCÂNDALO DO MENSALÃO?

não sabe o que falar, então fala merda pra imprensa
aposto que nem fazer sua mulher gozar você aguenta!
imagina, meu.... povo no seu ouvidinho gritando
somos a resistência!
postando foto com a bandeira
daí, ô seu... seu boçal!
legenda, Brasil acima de tudo
mas nem sabe cantar o hino nacional?!
mexeu com nossos quilombos agora segura a revolta do gueto!
sete arrombas!
é o que a gente vai fazer na porra do seu peito!
esse slam aqui eu fiz legalizando!
e esse é o recado pros bolsomito!

MELHOR JÁ IR SE PREPARANDO!

BIOGR

LUZ RIBEIRO

@luzribeiropoesia tem alguns seguidores, mas luz sonha em ter sempre com quem seguir. luz é coletiva: slam das minas-sp e legítima defesa. autora dos livros eterno contínuo (2013) e espanca-estanca (2017). ganhadora dos campeonatos de poesia FLUPP BNDES (2015) e SLAM BR (2016) e semifinalista na COUPÉ DU MONDE DE POÉSIE (2017). nasceu antes de aquário pra presa não ficar. luz é: mar-mãe de ben e filha-mar de odoya.

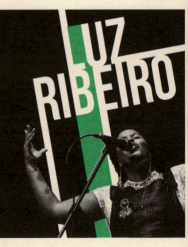

É aprendiz de poeta, que procura expor em palavras o que vê, sente e vive. LOBINHO é a busca constante da poesia em si mesmo, nos outros e no espaço que o rodeia. Atualmente está se dedicando a escrever seu primeiro romance, que faz parte da Trilogia: BUS...CAR, enveredando pelos caminhos da literatura contemporânea e marginal no conturbado momento atual em que vivemos.

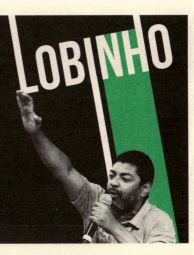

CLEYTON MENDES

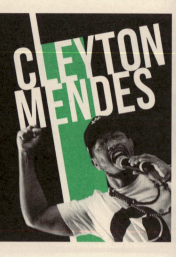

É escritor, poeta, slammer, ativista cultural e muito ousado. Dançarino sem ritmo, amante das artes cênicas, escreve seus textos com calos nas mãos e asas no peito. Autor dos livros "Relatos De Uma Insônia", "CONTRAINDICAÇÃO", "Etcetera" e "África é Logo Aqui". Cleyton Mendes é andarilho do mundaréu, é da ZL, mas também é do mundo todo. Nasceu numa noite de inverno de 1992, desde então Cleyton é poesia...

NELSON MACA

Poeta, militante do movimento social negro e professor universitário, é articulador do Coletivo Blackitude: Vozes Negras da Bahia. Publicou "Gramática da Ira", poemas, e prepara o lançamento de "Relatos da guerra preta ou Bahia baixa estação", contos. Se pudesse realizar um sonho, abraçaria Lima Barreto e Fela Kuti.

Bell Puã é Isabella Puente de Andrade, historiadora e poeta, nascida entre o mangue e o sol do Recife. Vencedora do Campeonato Nacional de Poesia Falada - Slam BR 2017, representante do Brasil na Poetry Slam World Cup 2018, em Paris e convidada da FLIP 2018. De libra, das nuvens, busca atropelar as fragilidades e fortalecer os afetos.

Patrícia Meira é poeta, slammer, romancista, compositora, oficineira, arte educadora e afro empreendedora, organizadora e Slammaster no Slam DiVersos. Em 2018 foi vice-campeã Paulista de poesia falada depois de ter empatado três vezes com a atual campeã. Patrícia Meira estava entre os cinco representantes de São Paulo no Slam BR 2017 e foi uma das finalistas do Slam BR 2018 destacando-se em toda competição.

Poeta e MC, Daniel Guedes Couto, mais conhecido como DKG Dekilograma, constrói o Slam Continente e o Slam Cruz e Sousa em Santa Catarina. Trabalha como ambulante, vendendo o seu CD 'Mantenha a Esperança". Militante do Movimento QUILOMBO HIP HOP BRASIL. Está lutando com vários objetivos mas um bem peculiar é construir uma revolução preta e favelada transformando rimas em um chamado para uma rebelião popular.

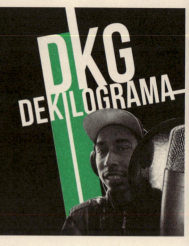

Jhon Conceito vulgo @Akiri Conakri é poeta Vagamundo de origem Canela Verde. Desde os 15 com 50 anos, amando tudo mais que todos. sobrevive voando baixo e beirando o teto. educador e organizador do SLAM BOTOCUDOS e SLAM ES, contatos 55+ 027 998990182 jhonalmeida72@gmail.com

BIOGRAFIAS

WELLINGTON SABINO

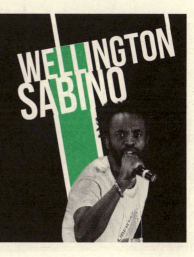

Ator, diretor e poeta. Aluno de História na UFTM. Co-fundador do Grupo Tramoya de Teatro. Ganhou o prêmio de melhor direção do Festival Sesi Mínima Cena 2017. Bicampeão do Slam Ondaka 2017 e 2018. Terceiro colocado no Slam MG 2017. Semifinalista do Slam BR 2017. Co-coordenador da roda de conversa Ulumé. Membro do coletivo Afrontar-Se. Organizador do Slam Duamô, que celebra o amor, amizade e o respeito à diversidade.

KING

Apesar de possuir 17 anos de idade, King já possui vivência o bastante e ensinamentos que carrega consigo, levando a lugares que nunca imaginava que chegaria. King possui uma trajetória inicial no RAP em 2017 onde começou sua carreira, no slam em 2018 em agosto e no mesmo ano chegou até o Slam-BR e alcançou o posto de vice- campeã nacional de poesia falada.

.FECHEM OS OLHOS POR FAVOR .IDENTIDADE. DEMOCRACIA RACIAL .MOJUBÁ .JE NE PARLE PAS BIEN .CRESPOW .JOGA A PEDRA .MAIORIDADE PENAL .TRABALHAR A DOR ESCONDE A MÃO .CONHECIMENTO REVOLUCIONÁRIO .AFAGO .SISTEMA PERVERSO RESPOS NO VERSO .MENIMELÍMETROS .AINDA SANGRA .O PRINCIPIO DO COMEÇO .D TRONCO AO ENQUADRO .AO MESTRE MOA COM CARINHO .SOMOS TODOS IGUAIS .BOLSOMITO .EU QUERO SER .LEI RIO BRANCO .IDENTIDADE .DEU(S) BRANCO .INÊSPLICÁVEL .ÓTICA EXÓTICA .DESEJO .PRETO ESSENCIAL .RAP TÁ OSSO .AS LÁGRIMAS DE BENEDITA .MÃOS AO ALTO